AF240204

MISE AU COURANT

DU

GUIDE PRATIQUE DU DROIT FISCAL

DES

SOCIÉTÉS FRANÇAISES

Au 1er Août 1923.

N. D. L. R. — Depuis la publication du *Guide pratique*, la législation fiscale n'a pas subi de modifications profondes, mais de nombreux documents administratifs et judiciaires sont venus préciser, sur maintes questions, la portée des textes légaux.

Nos lecteurs trouveront ces additions groupées dans l'ordre des paragraphes et des pages du Guide.

Nous ne doutons pas que cette mise au courant, qui comporte de multiples références au *Recueil des Questions fiscales,* ne leur rende les plus grands services.

Page 19.

Insérer dans la loi du 31 décembre 1921, après l'art. 22 :

ART. 23. — Est porté à 3 % sans décimes le droit de 1 % en principal applicable, en vertu de l'art. 69, § 3, n° 3, de la loi du 22 frimaire an VII aux actes portant obligations hypothécaires au profit du porteur de la grosse, aux billets à ordre notariés contenant constitution d'hypothèque ainsi qu'à tous autres titres d'obligations hypothécaires dont la cession, pour être parfaite, n'est pas soumise aux dispositions de l'art. 1690 C. civ.

Le même tarif est également applicable aux actes d'obligations hypothécaires nominatives, lorsqu'ils constatent ou autorisent la création de billets à ordre, en représentation desdites obligations.

Page 21.

Note 3. — Rétablir le texte de la façon suivante :

... Elle n'en est pas moins soumise au droit proportionnel (Cass. civ., 30 décembre 1884 [D. 85, 1, 201]; — Seine, 19 nov. 1892 [*R. E.* 329])... (le reste sans changement).

Page 25.

Ajouter au § 8 :

Les actes de société doivent être enregistrés dans les trois mois de leur date (L. 29 juin 1918, art. 12); mais en pratique la formalité doit être remplie, au moins pour les sociétés soumises à publication, dans un délai beaucoup plus court, car la publication est obligatoire dans le mois de la constitution, et ne peuvent être publiés que les actes enregistrés.

En cas de contrat de société conclu par correspondance, l'enregistrement n'est obligatoire qu'autant que la société ainsi constituée doit être publiée : la loi de 1918 ne vise en effet que les actes, c'est-à-dire les écrits qui forment titre comme comportant la juxtaposition de la signature de toutes les parties à l'acte.

Page 29.

Ajouter à la note 3 :

Sur les conséquences que comporte, au point de vue de l'application du droit de mutation immobilière, l'impossibilité d'assimiler, en matière fiscale, les actes d'association aux actes de société, V. Sol. 20 novembre 1919 (*R. E.* 7335).

Page 39.

Ajouter à la note 2 de la page 38 :

Pour le cas d'apport fait à une association régie par la loi de 1901, V. Sol. 20 nov. 1919 (*R. E.* 7335).

§ 62.

A la suite du § 62, ajouter un paragraphe 62 bis ainsi conçu :

62 *bis.* — Pour les actes emportant création d'obligations hypothécaires, le droit de 1,25 % (décimes compris) a été porté à 3 % sans décimes par la loi du 31 décembre 1921, art. 24. Sur l'application, V. Instruction du 5 janvier 1922 (*Rec. Quest. Fisc.* 1922, p. 57).

Page 50.

Rétablir la note 1 de la façon suivante :

L'adhésion d'un associé nouveau n'entraîne perception du droit proportionnel que sur la valeur des apports emportant augmentation du capital (Cass., 7 mars 1866 [D. 66, 1, 73], et 29 déc. 1868 [*J. N.* 19485]; — Lille, 29 juin 1894 [R. P., art. 8457] et 20 juillet 1899 [*R. E.* 2456]; — Sol. 6 avril 1897 [*J. Soc.* 1898, 185]; — Remiremont, 25 janvier 1900 [*J. S.* 1900, 453]; — Seine, 20 mars 1920 [*R. E.* 7291]).

Page 54.

Note 5, 2ᵉ ligne.

Lire : V. Alger, 15 mai 1920.

§ 104.

Ajouter au § 104 :

Sur la distinction entre le partage rendant exigible le droit de mutation à titre onéreux, et la licitation, V. Seine, 12 nov. 1921 (*R. E.* 7648).

Page 69.

Ajouter à la note 6 :

Cass. civ., 17 janvier 1922 (*R. E.* 7499).

Page 70.

Ajouter au 2ᵉ alinéa de la note 3 :

Cass. civ., 17 janvier 1922 (*R. E.* 7499).

§ 121.

Rétablir la 6ᵉ ligne du § 121 de la façon suivante :

« L'opposition avec assignation comme l'assignation directe doivent être signifiées au receveur qui a décerné la contrainte... ».

Page 85.

Après le décret du 8 janvier 1921, insérer le texte suivant :

Loi du 31 décembre 1921, portant fixation du budget de 1922.

Art. 26. — En ce qui concerne les sociétés qui, par suite de réduction de leur capital, payent la taxe d'abonnement au timbre sur un capital supérieur à leur capital existant lors de la promulgation respective des lois du 29 mars 1914 et du 25 juin 1920, les augmentations de tarif édictées par l'art. 40, dernier alinéa, de la loi du 29 mars 1914 et par l'art. 48 de la loi du 25 juin 1920 ne peuvent être appliquées qu'au capital réel de ces sociétés tel qu'il existait lors de la promulgation de chacune des lois dont il s'agit.

§ 152.

Ajouter au § 152 :

Sur les conditions de l'autorisation nécessaire pour emplacer le timbrage à l'extraordinaire par une mention imprimée, V. Sol. 7 février 1921 et 4 mars 1921 (*R. E.* 7462).

Page 89.

Ajouter à la note 9 :

Pour l'amende encourue par une société qui n'a pas acquitté le timbre proportionnel sur des actions d'apport provisoirement timbrées selon leur dimension, V. Sol. 21 juin 1920 et 18 février 1922 (*R. E.* 7591).

*

Page 92.

Ajouter à la note 6 :

Réponse à M. Helmer, sénateur (*R. E.* 7495-XXIII).

Page 93.

Ajouter à la note 4 :

Sol. 16 décembre 1920 (*R. E.* 7468).

Page 96.

Ajouter à la note 2 :

Sur la distinction entre les obligations et les bons, V. Sol. 2 avril 1921 (*R. E.* 7461).

Page 111.

Ajouter à la note 3 :

Sol. 25 février 1922 (*R. E.* 7629).

Page 111.

Ajouter à la note 1 :

Conseil d'État, 17 mars 1922 (*Rec. Quest. Fisc.* 1922, p. 333).

Page 123.

Ajouter à la note 3 :

Les parts sociales échues par succession à l'héritière d'un associé en nom et qui statutairement se transforment par cet événement en parts de commandite conservent ce caractère alors même que l'héritière serait l'épouse commune en biens d'un autre associé en nom (Reims, 28 février 1922 [*R. E.* 7555-IV).

Ajouter à la note 4 :

Alger, 18 mars 1922 (*R. E.* 7571).

Page 128.

Ajouter à la note 1 bis, Actions nettes d'impôt :

Bordeaux, 6 juin 1922 (*R. E.* 7647-II).

Ajouter à la note 3 :

Cass. civ., 6 mars 1922 (*Rec. Quest. Fisc.* 1922, 301; — *R. E.* 7514) Cass. civ., 4 avril 1922 (*R. E.* 7567) (Réalisations immobilières; application à une augmentation de capital de la plus-value des biens sociaux).

Page 129.

Ajouter à la note 1 :

Chalon-sur-Saône, 4 juillet 1922 (*R. E.* 7587). V. pour le cas de reconstitution du capital à l'aide des bénéfices, une fois l'amortissement opéré : Bordeaux, 6 juin 1922 (*R. E.* 7647-II).

Page 129.

Rétablir la note 2 de la façon suivante :

Cass. req., 7 mars 1921 (*R. E.* 7265). — Sur l'évaluation de la valeur initiale, V. Cass. req., 27 nov. 1905 (*R. E.* 4012); — Seine, 10 déc. 1915 (*R. E.* 6499); — Seine, 2 mai 1919 (*R. E.* 6946); — Cass. req., 17 mai 1920 (*R. E.* 7160); — Cass. req., 7 mars 1921 (*R. E.* 7265). — Pour les parts créées au cours de la société, V. Alger, 21 mars 1918 (*R. E.* 6809).

Page 130.

Ajouter à la note 3 :

Cass. civ., 30 novembre 1921 (*R. E.* 7641); — Cass. req., 4 janvier 1922 (*R. E.* 7497); — Briey, 5 mai 1922 (*R. E.* 7599-III).

Page 130.

Ajouter à la note 5 :

Sol. 2 avril 1921 (*R. E.* 7461).

Page 133.

Ajouter à la note 5 :

Mais la valeur vénale au moment où les parts sont transmises à titre gratuit ne peut servir de base (Reims, 28 février 1922 [*R. E.* 7555-III]).

Page 133.

Ajouter à la note 9 :

Adde Cass., 13 avril 1886 (D. 86, 1, 185), et en ce qui concerne la question de l'inexigibilité de la taxe sur les parts en une propriété : Sol. 7 juillet 1892 (*R. P.* 7927; *J. E.* 23977); — Reims, 28 février 1922 (*R. E.* 7555-II).

Intercaler entre la note 8 bis et la note 9 une note 8 ter ainsi rédigée :

Alger, 18 mars 1922 (*R. E.* 7571).

Page 136.

Ajouter à la note 6 :

Si, en fait, certains éléments de la commandite ont été laissés en dehors de la déclaration annuelle des parties, d'accord avec l'administration, aucun droit en sus n'est exigible en raison de cette omission (Reims, 28 février 1922 t. *R.E* 7555-V]).

§ 166.

Remplacer le § 166 par le texte suivant :

La loi s'applique à tous les titres négociables d'actions et d'obligations.

En ce qui concerne les parts d'intérêts et les titres non négociables, la jurisprudence avait admis (Cass. civ., 4 fév. 1895 [*J. Soc.* 1895, 207]; — Douai, 22 avril 1896 [*J. Soc.* 1896, 460]; — Saint-Étienne, 30 octobre 1901 [*R. E.* 2879];

— Cass. req., 27 avril 1906 [*J. Soc.* 1906, 393]) qu'il y avait lieu d'interpréter l'art. 6 de la loi du 23 juin 1857 en ce sens que le droit de transmission qu'il instituait frappait les cessions d' « actions » dans le sens le plus général que comporte cette expression, c'est-à-dire non seulement lorsqu'elles sont représentées par des titres négociables mais encore lorsqu'elles consistent dans un simple droit incorporel reconnu aux associés dans le pacte social, sans distinguer entre les sociétés de personnes et les sociétés de capitaux. La conséquence c'est que les parts d'intérêts et les titres non négociables étaient soumis au droit de 0,90 % (sans décimes) (Loi de 1857; — Loi du 29 mars 1914, art. 41), à l'exclusion du droit de 0,50 % *en principal,* soit 0,625, décimes compris, édicté par l'art. 69, § 2, nᵒ 6, de la loi de frimaire, considéré par la Cour de cassation comme implicitement abrogé.

Mais par arrêt du 2 mai 1922 (*R. E.* 7568), la Cour de cassation est revenue sur sa jurisprudence en décidant que l'expression « titre » de la loi de 1857 « ne peut désigner qu'un droit constaté par un titre matériel » et que « l'impôt n'est pas exigible avant la création de ce titre » — Et cette doctrine conduisait aux conséquences suivantes :

1ᵒ Assujettissement des parts d'intérêt et des valeurs non négociables au droit de 0,625 ;

2ᵒ Assujettissement des actions et obligations au même régime tant que les titres n'ont pas été matériellement créés.

Pour parer aux conséquences de cet arrêt, l'Administration a fait insérer dans la loi du 28 décembre 1922 deux dispositions :

1ᵒ La première élève à 0,90 % le droit de 0,625 de la loi de frimaire ;

2ᵒ La seconde assimile aux titres au porteur les titres qui ne sont pas matériellement créés, et les soumet, en conséquence, à la taxe annuelle de 0,50 %.

Une seule catégorie de titres échappe au droit de transfert de 0,90, ou à la taxe annuelle : ce sont les actions d'apport, pendant la période de non négociabilité : elles sont soumises au droit de 0,625 (décimes compris) de la loi de frimaire (Instruction du 28 déc. 1922 [*Rec. Quest. Fisc.* 1923, 104]).

§ 169.

Ajouter au § 169 :

En outre les titres qui n'ont pas été matériellement créés sont par application de la loi du 28 décembre 1922 (V. ci-dessus § 166) assujettis à la taxe annuelle.

§ 176.

Ajouter en note, sous le § 176

« Sur les conditions du remboursement au droit de conversion, V. Sol. 30 juin 1921, Sol. 6 août 1921 (*R. E.* 7536); — Sol. 2 mars 1922 (*R. E.* 7630); — Instr. du 30 avril 1921 (*R. E.* 7310).

§ 190.

Ajouter au § 190 une note 3 bis *ainsi conçue :*

« En cas d'augmentation du tarif de la taxe, tous les dividendes mis en distribution postérieurement à la mise à exécution de la loi sont passibles du nouveau tarif, alors même qu'ils auraient été fixés par des délibérations antérieures à cette date (Bordeaux, 6 juin 1922 [*R. E.* 7647-III]; — D. S. S. État aux Fi nance

21 octobre 1920 [*R. E.* 7433]). V. toutefois, en ce qui concerne les arrérages dont le paiement a été suspendu par application du décret du 29 août 1914, D. M. F., 5 juillet 1921 (*R. E.* 7433).

§ 194.

Ajouter au § 194 :

«, V. en outre sur l'application de l'art. 27; Sol. 15 juin 1921 (*R. E.* 7434).

§ 196.

Ajouter à la fin du paragraphe :

Il est à remarquer que l'impôt de 10 % sur le revenu frappe des sommes qui sont déjà taxées au titre de l'impôt cédulaire sur les bénéfices industriels et commerciaux; mais cette superposition de taxes n'est qu'une conséquence du principe de la personnalité morale des sociétés : c'est la société qui est frappée par l'impôt cédulaire; ce sont les associés, qui sont débiteurs de la taxe de 10 % sur le revenu (Réponse à une question posée le 19 avril 1922 par M. Catalogne, sénateur).

Page 131.

Ajouter au n° 201, dernier alinéa, une note n° 10 bis ainsi conçue :

Mais la taxe sur le revenu des créances frappe ces emprunts. V. ci-dessous, n° 250.

§ 202.

Ajouter au § 202 :

Aux termes d'une décision du ministre des Finances du 15 décembre 1921 (*R. E.* 7519), l'article 51 de la loi du 25 juin 1920 ne serait pas applicable aux primes de remboursement.

Par contre, le ministre a décidé (Rép. à une question posée par M. Desgroux, député, de sept. 1921 (*R. E.* 7578-XV) que pour l'application de la loi il n'y avait pas lieu de distinguer entre les obligations nominatives des Compagnies de chemins de fer, et les certificats de dépôt nominatifs délivrés par ces compagnies. V. sur la même question Inst. 3736, § 21 (*R. E.* 7614).

§ 224.

Annoter sous le § 224 :

Reims, 28 février 1922 (*R. E.* 7555-I).

§ 250.

Rétablir le § 250 de la façon suivante :

... Celle-ci ne frappe que les emprunts émis par les collectivités autres que les sociétés en nom collectif, et n'est pas applicable à certaines créances (V. *supra* n° 201); la taxe instituée par la loi du 31 juillet 1917 en ses art. 38 et s. étend l'impôt sur le revenu des valeurs mobilières aux sociétés en nom collectif

(Réponse à une question écrite, 27 décembre 1921 [*R. E.* 7617-II], et à une question de M. Blaignan [*Rec. Quest. Fisc.* 1922, p. 66; — *R. E.* 7578-X], aux simples particuliers et frappe les dépôts et cautionnements).

Page 176.

Ajouter à la note 2 :

Sol. 13 déc. 1921 (*R. E.* 7526-II). Pour l'application du principe aux intérêts portés au crédit des comptes de dépôt des associés mais non servis, V. réponse à une question écrite, 28 avril 1922 (*R. E.* 7617-III).

Ajouter à la note 7 :

V. sur l'application du principe du prêt consenti par un participant à une association en participation (Instr. 3736, § 23 [*R. E.* 7616]).

Page 177.

Rétablir la note 1 de la façon suivante :

Pour les comptes de dépôt dans une société en nom collectif, V. réponse à une question de M. Hubert Giraud (*R. E.* 7578-XI).

Ajouter à la note 3 :

Pour l'application du principe aux sociétés, V. réponses aux questions posées par MM. Denise, Maillard (*R. E.* 7495-XI; — 7578-IX et XII) et Niveaux (*Rec. Quest. Fisc.* 1922, p. 198).

Page 179.

Ajouter à la note 1 de la page 178 :

V. également Sol. 22 juillet 1921 (*R. E.* 7527).

§ 346.

Au § 346-4°, ajouter :

Les pouvoirs doivent être timbrés avant que les signatures ne soient apposées (Réponse à une question de M. Aimond [*R. E.* 7578-XXIV]).

§ 347 ter.

Ajouter au § 347 ter

Sur l'application de l'art. 42 de la loi du 25 juin 1920, V. I. 3760 § 34 (*R. E.* 7874).

§ 339.

Sous le n° 339, annoter

Mais la perception du droit d'enregistrement sur l'acte de société n'entraîne pas le droit de vérification prévu par l'article 32 (Inst. 4 sept. 1920, n° 3626, p. 40, 5e alinéa, *in fine*; — Réponse à une question de M. Buhan [*Rec. Quest. Fisc.* 1922, p. 127]).

§ 363.

Remplacer la dernière phrase de la note 1, par ceci :

V. Villefranche-de-Rouergue, 12 février 1917 (*Rec. Quest. Fisc.* 1922, p. 131); — Cass. req., 17 juillet 1922 (*Rec. Quest. Fisc.* 1922, p. 308); — Réponses à diverses questions écrites (*Rec. Quest. Fisc.* 1922, p. 10, 73, 102, 238).

§ 375.

Sur l'assujettissement des coopératives de consommation à l'impôt sur les bénéfices industriels et commerciaux, V. réponse à une question posée le 21 février 1922 par M. Flayelle (*Rec. Quest. Fisc.* 1922, p. 163), et à une autre question posée le 31 janvier 1922 par M. Peuzin (*Rec. Quest. Fisc.* 1922, p. 164). *Adde,* Réponse à une question posée par M. Macarez, député, le 11 janvier 1923.

Sur l'imposition à l'impôt sur les bénéfices industriels et commerciaux du gérant de la participation à l'exclusion de ses coassociés, V. réponse à la question posée le 19 janvier 1922, par M. Poitou-Duplessy, député (*Rec. Quest. Fisc.* 1922, p. 92). Cpr. Réponse à la question posée par M. Delafoy, député, le 12 octobre 1922 (*Rec. Quest. Fisc.* 1923, p. 39).

Ajouter au 1er alinéa :

V. en ce qui concerne l'imposition d'une compagnie de navigation possédant son principal établissement en France et des agences en Algérie et en Tunisie, la réponse à une question posée le 8 avril 1922 par M. A. Artaud (*Rec. Quest. Fisc.* 1922, p. 299), et, sur l'imposition des sociétés coloniales ayant leur siège en France, la réponse à une question posée par M. Artaud (*Rec. Quest. Fisc.* 1922, p. 300).

§ 376.

Ajouter au 1er alinéa de la note 1 :

En ce sens, Conseil de Préfecture de Meurthe-et-Moselle, 2 déc. 1921 (*Rec. Quest. Fisc.* 1922, p. 241).

§ 376.

Ajouter in fine :

Les sociétés en nom collectif formées entre ouvriers ne sont pas exemptes de l'impôt (Réponse à la question posée le 7 avril 1922 par M. Philippoteaux (*Rec. Quest. Fisc.* 1922, p. 198).

§ 378.

Ajouter à la note 5 :

V. Réponse à une question posée par M. Peyroux, député, le 7 février 1922 (*Rec. Quest. Fisc.* 1922, p. 124).

§ 380.

Ajouter à la note 4 :

La plus-value résultait du remboursement de titres au-dessus du pair (Réponse à une question posée par M. Catalogne, le 10 octobre 1921 [*Rec. Quest. Fisc.* 1922, p. 33]).

§ 380.

Note 1, ajouter :

Sur les conséquences qui résultent de la théorie adoptée en ce qui concerne le report à nouveau des pertes d'un exercice, V. Réponse à une question posée le 6 août 1921 par M. Pol Chevalier (*Rec. Quest. Fisc.* 1922, p. 38).

§ 383.

Note 1, ajouter :

... En ce qui concerne la déduction des sommes versées au titre de l'impôt des bénéfices de guerre, V. réponses aux questions posées les 22 et 24 décembre 1921 par MM. Gavoty et Victor Constant (*Rec. Quest. Fisc.* 1922, p. 63), et le 14 février 1922 par M. Teittinger (*Rec. Quest. Fisc.* 1922, p. 164).

En ce qui concerne la passation, en frais généraux des primes d'une assurance contractée par une société, dans l'intérêt de l'entreprise, sur la tête de l'un de ses gérants, V. Réponse à une question posée par M. Duboys-Fresnay le 11 novembre 1921 (*Rec. Quest. Fisc.* 1922, p. 91).

Sur la mesure dans laquelle les subventions accordées par un industriel ou un commerçant à des œuvres d'assistance intéressant ses ouvriers peuvent être déduites du bénéfice net, V. Réponse à une question posée par M. Le Hars, le 27 février 1922 (*Rec. Quest. Fisc.* 1922, p. 164).

Il y a lieu d'ajouter qu'il convient de retrancher du revenu brut les produits déjà soumis à un autre impôt cédulaire, comme les dividendes encaissés par une société à raison des actions qu'elle possède (Réponse à une question posée le 22 mars 1922 par M. Leguen (*Rec. Quest. Fisc.* 1922, p. 233).

§ 393.

Ajouter à la note 1 :

V. Réponse à la question posée par M. Maillard, député, le 18 novembre 1921 (*Rec. Quest. Fisc.* 1922, p. 91); Réponse à la question posée par M. Roques, député, le 27 janvier 1922 (*Rec. Quest. Fisc.* 1922, p. 123); — Réponse à la question posée par M. Macarez, député, le 20 décembre 1922 (*Rec. Quest. Fisc.* 1923, p. 75); Cons. d'État, 10 mars 1923 (*Rec. Quest. Fisc.* 1923, p. 186).

§ 393.

Ajouter au § 393 bis ainsi conçu :

393 *bis.* — *g) Primes d'émission.* — Mais les primes d'émission ne doivent pas être considérées comme un bénéfice de l'entreprise (V. Réponse à la question posée le 31 décembre 1921 par M. Tranchand [*Rec. Quest. Fisc.* 1922, p. 91]).

§ 398.

Ajouter à la note 2 :

V. Réponses aux questions posées les 24 et 31 janvier 1922 par MM. Peyroux et Catalogne (*Rec. Quest. Fisc.* 1922, p. 164).

§ 400.

Ajouter à la note 1 (p. 262) :

V. en ce sens la Réponse à une question posée par M. Petitfils, député, le 14 février 1922 (*Rec. Quest. Fisc.* 1922, p. 382). V. également, sur la non déduction des sommes payées au titre de la taxe de luxe, la réponse à la question posée par M. Anglès, député, le 26 mai 1922 (*Rec. Quest. Fisc.* 1922, 265).

§. 406.

Ajouter en note :

Sur la fixation des coefficients, V. Réponse à la question posée par M. E. de Monjou, député, le 11 novembre 1921 (*Rec. Quest. Fisc.* 1922, p. 64).

§ 407.

Ajouter à la note 1 :

V. Réponse à la question posée par M. Ruffier, sénateur, le 24 janvier 1923 (*Rec. Quest. Fisc.* 1922, p. 163), etc...

§ 421.

Sur la possibilité d'une demande de dégrèvement en raison de bénéfices qui, en fait, n'ont pas été réalisés, V. Réponse à une question posée par M. Maulion, député, le 16 février 1922 (*Rec. Quest. Fisc.* 1922, p. 164).

Page 271.

Remplacer la loi du 31 mars 1922 par celle du 30 mars 1923 dont le texte est ainsi conçu :

Loi du 30 mars 1923 fixant, pour l'année 1923, les coefficients maxima et minima applicables, par nature de culture, à la valeur locative des terres exploitées pour l'évaluation du bénéfice devant servir de base à l'impôt sur les bénéfices de l'exploitation agricole.

ARTICLE UNIQUE. — Les minima et maxima des coefficients applicables à la valeur locative des terres exploitées, pour la détermination du bénéfice devant servir de base à l'impôt sur les bénéfices de l'exploitation agricole établi au titre de l'année 1923, sont fixés aux chiffres ci-après :

Terres : coefficient minimum, 0,50; coefficient maximum, 1,50.

Prés et prairies naturels, herbages et pâturages : coefficient minimum, 0,75; coefficient maximum, 3.

Vergers et cultures fruitières d'arbres et arbustes : coefficient minimum, 1; coefficient maximum, 4.

Vignes : coefficient minimum, 0,75; coefficient maximum, 4.

Bois industriels, aulnaies, saussaies, oseraies : coefficient minimum, 1; coefficient maximum, 3.

Terrains à bâtir : landes, pâtis, bruyères, marais, terres vaines et vagues : coefficient minimum, 1; coefficient maximum, 1,25.

Lacs, étangs, mares, abreuvoirs, fontaines, etc. : coefficient minimum, 1; coefficient maximum, 1,25.

Jardins autres que les jardins d'agrément et terrains affectés à la culture maraîchère, florale et d'ornementation, pépinières, coefficient minimum, 2; coefficient maximum, 4.

Terrains d'agrément, parcs, jardins, pièces d'eau : coefficient minimum, 1; coefficient maximum, 1,25.

Page 279.

Remplacer l'art. 31 de la loi du 31 juillet 1917 par la disposition suivante
(L. 30 mars 1923, art. 7) :

Art. 7. — L'article 31 de la loi du 31 juillet 1917, modifié par l'article 1er
de la loi du 25 juin 1920, est remplacé par les dispositions ci-après :

« L'impôt ne porte que sur la partie du bénéfice net dépassant la somme de :

« 6.000 francs, si le contribuable est domicilié dans une commune de
500.000 habitants et au dessous;

« 6.500 francs, si le contribuable est domicilié dans une commune de plus
de 500.000 habitants;

« 7.000 francs, si le contribuable est domicilié dans le département de la
Seine.

« En outre, pour le calcul de l'impôt, la fraction comprise entre le minimum
exempté et 8.000 francs sera comptée pour moitié.

« Le taux de l'impôt est fixé à 6 %.

« Par dérogation aux dispositions qui précèdent, l'impôt est calculé, pour
les charges et offices visés à l'article 30, dans les conditions et d'après les taux
fixés, en ce qui concerne les professions commerciales, par l'article 12, modifié
par l'article 1er de la loi du 25 juin 1920. »

Les dispositions du présent article seront applicables à partir du 1er janvier 1923.

Page 285.

Remplacer l'art. 23 de la loi du 31 juillet 1917 par la disposition suivante,
(L. 30 mars 1923, art. 6) :

Art. 6. — L'article 23 de la loi du 31 juillet 1917, modifié par l'article 1er
de la loi du 25 juin 1920 et complété par l'article 4 de la loi du 31 juillet 1920
est remplacé par les dispositions ci-après :

« Les revenus provenant des traitements publics et privés, des indemnités
et émoluments, des salaires, des pensions et des rentes viagères sont assujettis
à un impôt portant sur la partie de leur montant annuel qui dépasse 6.000 francs

« Cet abattement est porté à :

« 6.500 francs dans les communes de plus de 500.000 habitants;

« 7.000 francs dans le département de la Seine.

« Les déductions ci-dessus seront augmentées, pour chaque contribuable,
soumis à l'impôt, d'une somme de 3.000 francs pour sa femme, si celle-ci n'a
ni salaire, ni revenus personnels, de 2.000 francs par enfant de moins de dix-
huit ans ou infirme et non salarié, et de 1.500 francs par personne à sa charge,
dans les mêmes conditions que celles de l'article 7 de la loi du 25 juin 1920.

Dans le cas où le mari et la femme touchent des traitements ou salaires
distincts, les déductions pour enfants et pour personnes à la charge ne seront
applicables qu'au traitement ou salaire le plus élevé.

« Les déductions ci-dessus seront augmentées d'une somme supplémentaire
de 1.000 francs en faveur des mutilés titulaires d'une pension d'invalidité.

« En outre, pour le calcul de l'impôt, la fraction comprise entre le minimum
exempté et 8.000 francs sera comptée pour moitié.

« Le taux de l'impôt est fixé à 6 %.

« Sont affranchies de l'impôt les pensions servies en vertu de la loi du 31 mars
1919, ainsi que les allocations aux familles nombreuses (sursalaire familial,

allocations familiales) versées uniquement par des employeurs ou groupements d'employeurs à leur personnel. »

Les dispositions du présent article seront applicables à partir du 1er janvier 1923.

§ 464.

Ajouter au 2° alinéa :

V. en ce qui concerne le point de départ du délai pour les habitations à bon marché situées dans les régions libérées, la réponse à la question posée par M. Couteaux, député, le 28 décembre 1921 (*Rec. Quest. Fisc.* 1922, p. 134).

§ 471.

Ajouter au tableau :

NOMBRE DE CENTIMES	CONTRIBUTIONS SUR LESQUELLES PORTENT LES CENTIMES	LOIS D'AUTORISATION
11	Quatre contributions	L. 10 avril 1923
15	id.	L. 10 avril 1923

(*Rec. Quest. Fisc.* 1923, p. 178.)

Page 311.

Ajouter aux textes :

Loi du 31 mars 1923 modifiant l'article 8 de la loi du 31 décembre 1900, relatif à la répartition de la contribution personnelle-mobilière à Paris (*Rec. Quest. Fisc.* 1923, p. 176).

§ 517.

Ajouter un § 517 bis ainsi conçu :

Il appartient à l'autorité judiciaire d'apprécier la régularité et la validité des actes ayant le caractère de poursuites judiciaires; mais les tribunaux doivent renvoyer à la juridiction administrative la connaissance des questions préjudicielles qui pourraient s'élever soit sur la taxe elle-même, soit sur les actes administratifs intervenus à l'occasion de sa perception (Cons. d'État, 7 avril 1922 [*Rec. Quest. Fisc.* 1922, p. 342]).

§ 522.

Ajouter :

V. L. 12 juillet 1922 modifiant les règles relatives à la prescription et à l'exercice du privilège du Trésor en matière de contributions directes (*Rec. Quest. Fisc.* 1922, p. 256).

Page 366.

Ajouter :

Loi du 29 mai 1922, réglant la procédure applicable en vue de la répression des dissimulations frauduleuses de bénéfices de guerre (*Rec. Quest. Fisc.* 1923, p. 369).

Loi du 10 août 1922, réglementant l'exercice du privilège du Trésor pour le recouvrement de la contribution extraordinaire.

Page 368.

Ajouter à l'art. 63 la disposition suivante (L. 30 mars 1923, art. 3) :

ART. 1er. — L'article 63, paragraphe 8°, de la loi du 25 juin 1920, est complété comme suit :

« Les automobiles neuves, servant au transport de personnes, leurs châssis, leurs carrosseries, garnitures et accessoires acquittent une taxe de 10 % *ad valorem*, qui sera payée par le constructeur sur le chiffre d'affaires réalisé, quelle que soit la qualité de l'acheteur, exception faite des ventes à l'exportation, qui continuent à bénéficier de l'exemption prévue par le paragraphe 3 de l'article 72 de la loi du 25 juin 1920.

« Les voitures d'occasion, les voitures achetées en vue d'assurer un service public de transport, concédé, subventionné ou exploité par l'État, les départements, les communes ou établissements publics hospitaliers et les pièces détachées exclusivement destinées aux réparations, ainsi que les cyclecars, sidecars et similaires neufs, dont le prix ne dépasse pas 5.000 francs sont soumis à une taxe de 1,10 %. »

Page 370.

Remplacer les art. 67 et 68 de la loi du 25 juin 1920 par les dispositions suivantes (L. 30 mars 1923, art. 13 et 14) :

ART. 13. — L'article 67 de la loi du 25 juin 1920 est modifié comme il suit :

« Les personnes visées à l'article précédent sont tenues :

« 1° De fournir aux agents des contributions directes ainsi qu'à ceux des autres services financiers qui seront désignés par un règlement d'administration publique pour chaque catégorie de commerçants, tant au principal établissement que dans les succursales ou agences, toutes justifications nécessaires à la fixation du chiffre d'affaires;

« 2° De remettre chaque mois, de la manière et dans le délai qui seront fixés par le règlement d'administration publique prévu au premier alinéa du présent article, un relevé qui indiquera le montant total du chiffre d'affaires pendant le mois précédent, et distinctement s'il y a lieu, la fraction de ce chiffre passible de la taxe de 10 %, ainsi que d'acquitter le montant total des taxes exigibles d'après ce relevé, dans les conditions qui seront arrêtées par le même règlement.

« Seront dispensés, sur leur demande et moyennant le versement d'un forfait annuel, des obligations stipulées aux paragraphes 1er et 2e ci-dessus, les redevables dont le chiffre d'affaires n'a pas excédé, pendant l'année précédente, 120.000 francs, s'il s'agit de redevables dont le commerce principal est de vendre des marchandises, denrées, fournitures et objets à emporter ou à consommer sur place et de fournir le logement, ou 30.000 francs s'il s'agit d'autres redevables.

« Le payement sera fait par quart, tous les trois mois.

« Le bénéfice du forfait pourra être retiré par l'Administration aux redevables ayant commis des contraventions à la présente loi.

« Seront également dispensés sur leur demande, et dans les conditions spécifiées par le règlement d'administration publique, des obligations édictées sous le paragraphe 2 ci-dessus, les redevables ayant une installation permanente qui s'engageront :

« 1º A acquitter, à titre d'acompte, aux époques fixées par le règlement d'administration publique, savoir :

« *a*) Tous les trois mois, pour les redevables réunissant les conditions prévues ci-dessus pour l'obtention du forfait annuel, une somme égale au quart de l'impôt dû pour l'année précédente, sans tenir compte des fractions de 10 francs ;

« *b*) Tous les mois, pour les autres redevables, une somme égale au douzième de l'impôt dû pour l'année précédente, sans tenir compte des fractions de 10 francs. ;

« 2º A déposer, dans les trois premiers mois de l'année, une déclaration en double exemplaire qui indiquera leur chiffre d'affaires de l'année précédente, en faisant ressortir distinctement lés fractions de ce chiffre exemptées d'impôts ou passibles de divers taux d'impôts et d'acquitter, s'il y a lieu, avant le 1ᵉʳ mai, le complément d'impôts d'après cette déclaration, après déduction des acomptes versés conformément aux prescriptions ci-dessus. Au cas d'excédent, celui-ci est, soit imputé sur les acomptes exigibles ultérieurement, soit restitué si le redevable a cessé d'être assujetti à l'impôt.

« Des décrets pourront, pour certains commerces, étendre les délais ci-dessus fixés.

« Si le commerce n'a été commencé qu'au cours de l'année, les acomptes sont calculés d'après une évaluation fournie par le redevable de son chiffre d'affaires, jusqu'à l'expiration de l'année.

« Sur leur demande, formée après l'expiration du premier semestre de l'année, les redevables ayant opté pour le régime des acomptes, dont le chiffre d'affaires durant ce semestre a été inférieur au tiers du chiffre d'affaires de l'année précédente, ont droit à la revision du calcul des acomptes versés ou à verser, en prenant pour base le double du chiffre d'affaires réalisé durant le premier semestre.

« Les demandes prévues au présent article sont dispensées de timbre. »

Art. 14. — L'article 68 de la loi du 25 juin 1920 est modifié comme il suit :

« Au cas de retard dans le payement soit de l'impôt exigible d'après le relevé prévu par l'article 67, soit des acomptes, soit du complément d'impôt ressortant de la liquidation définitive, soit des fractions trimestrielles du forfait, le redevable payera en sus, à titre d'indemnité, par mois ou fraction de mois de retard, savoir : 1 % pendant le premier trimestre de retard, 1,50 % pendant le second trimestre, et 2 % pendant les trimestres suivants.

« Toute autre contravention aux dispositions des articles 59 à 72 de la présente loi, ainsi qu'à celles des décrets et arrêtés pris pour l'exécution de ces articles est punie :

« 1º S'il s'agit d'une omission ou d'une insuffisance commise soit dans le livre prescrit à l'article 66 ou dans la comptabilité en tenant lieu, soit dans le relevé dont le dépôt est prescrit par l'article 67, d'une amende fiscale égale à cinq fois le montant de l'impôt éludé ou compromis avec minimum de 50 francs sans décimes ;

« 2º S'il s'agit de toute autre contravention, d'une amende fiscale de 50 à 1.000 francs sans décimes ;

« Les dispositions ci-dessus sont applicables aux contraventions commises antérieurement à la promulgation de la présente loi, et n'ayant pas fait l'objet, soit d'une décision gracieuse, soit d'un jugement passé en force de chose jugée, lorsqu'elles sont inférieures aux pénalités édictées par les dispositions antérieures.

« Au cas où un contrevenant, ayant encouru depuis moins de trois ans une des amendes fiscales ci-dessus édictées, aura commis intentionnellement une nouvelle infraction, il pourra être traduit devant le tribunal correctionnel à la requête de l'Administration compétente, et puni d'un emprisonnement de huit jours à trois mois. Le tribunal correctionnel pourra ordonner, à la demande de l'Administration, que le jugement sera publié intégralement ou par extraits dans les journaux qu'il désignera et affiché dans les lieux qu'il indiquera, le tout aux frais du condamné. Toutes les dispositions de l'article 7 de la loi du 1er août 1905 seront applicables dans ce cas.

« L'article 463 du Code pénal sera applicable, même en cas de récidive, au délit prévu par le présent article. »

Page 374.

Loi du 30 mars 1923, reportant l'exigibilité de l'impôt sur le chiffre d'affaires au taux de 10 %, en ce qui concerne les véhicules automobiles et leurs accessoires, lorsque ces véhicules et ces accessoires sont considérés comme étant de luxe, de la vente au détail ou à la consommation, à la vente par le constructeur ou le fabricant.

Art. 1er. — L'article 63, paragraphe 3°, de la loi du 25 juin 1920, est complété comme suit :

« Les automobiles neuves, servant au transport de personnes, leurs châssis, leurs carrosseries, garnitures et accessoires acquittent une taxe de 10 % *ad valorem*, qui sera payée par le constructeur sur le chiffre d'affaires réalisé, quelle que soit la qualité de l'acheteur, exception faite des ventes à l'exportation, qui continuent à bénéficier de l'exemption prévue par le paragraphe 8 de l'article 72 de la loi du 25 juin 1920.

« Les voitures d'occasion, les voitures achetées en vue d'assurer un service public de transport, concédé, subventionné ou exploité par l'État, les départements, les communes ou établissements publics hospitaliers et les pièces détachées, exclusivement destinées aux réparations, ainsi que les cyclecars, sidecars et similaires neufs, dont le prix ne dépasse pas 5.000 francs sont soumis à une taxe de 1,10 %.

Art. 2. — Par dérogation aux dispositions du premier paragraphe de l'article 72 de la loi précitée, l'importation des objets susvisés est soumise à l'impôt de 10 %, quelle que soit la qualité du destinataire.

Art. 3. — Par mesure transitoire, l'impôt sur le chiffre d'affaires continuera d'être perçu au taux de 10 % pour les ventes au détail ou à la consommation des véhicules ou objets, désignés à l'article 1er ci-dessus, qui se trouveront en possession des détaillants lors de la promulgation de la présente loi.

En vue de garantir les droits du Trésor, ces commerçants qui, à la date susvisée, détiendraient en vue de la vente des véhicules automobiles non libérés de l'impôt au taux de 10 %, seront tenus, sous peine des sanctions édictées par l'article 68 de la loi du 25 juin 1920, de les déclarer, dans les quinze jours, au receveur de l'Administration dont ils relèvent pour la perception de l'impôt sur le chiffre d'affaires.

Cette déclaration mentionnera le nom du constructeur ou fabricant, le type du véhicule, le numéro d'ordre dans la série du type, ainsi que le prix de vente au public.

Ces commerçants seront responsables du montant des droits correspondant à ce prix, et seront tenus de représenter lesdits véhicules à toute réquisition.

Au cas où cette formalité ne pourra être remplie à l'égard d'un objet, dont la vente n'aurait pas été comprise par le vendeur dans son chiffre d'affaires passible du taux de 10 %, l'impôt serait immédiatement exigible sur le prix antérieurement déclaré, sous réserve de la possibilité, pour l'Administration, d'apporter la preuve que le prix de vente réel a été supérieur à ce dernier, et ce, sans préjudice des pénalités prévues à l'article précité.

Pàge 394.

Loi du 28 février 1923, art. 9, supprimant la taxe de luxe de 15 % sur les vins.

§ 591.

La taxe de 15 % applicable aux vins classés comme étant de luxe a été supprimée par la loi du 28 février 1923, art. 9.

§ 615.

Modifier de la façon suivante :

Les vins et alcools sont frappés d'un double impôt :
1º Un impôt de consommation ;
2º Un impôt sur les vins et alcools de luxe.

a) *Les droits de circulation* sont de :

11 fr. par hectolitre pour les vins, plus **4** fr. au profit des communes ;
2 fr. par hectolitre pour les piquettes, plus **4** fr. au profit des communes ;
5 fr. **50** par hectolitre pour les cidres, poirés et hydromels, plus **2** fr. au profit des communes ;
1 fr. **50** par degré hectolitre pour les bières, plus **0** fr. **50** au profit des communes (LL. 15 juillet 1921, art. 1 et 30 mars 1923, art. 18).
Pour les alcools, vins ou liqueurs, spiritueux, le droit de consommation est de **1.000** fr. par hectolitre d'alcool pur.

b) *Impôt sur les alcools et vins de liqueur :*

25 % pour les alcools, spiritueux et vins de liqueur.
Cet impôt est perçu, à l'encontre de ce qui a lieu pour l'impôt de 10 % sur les ventes faites par les producteurs ou négociants en gros aux débitants et consommateurs.

Page 416.

Ajouter au paragraphe 635 bis ainsi conçu :

Un décret du 19 janvier 1923 décide que les impôts indirects suivants : taxe sur les billards, taxe sur les voitures automobiles, droit de licence, droit fixe sur les voitures en service d'occasion des entrepreneurs de transports publics peuvent être acquittés dans les bureaux de poste au moyen du mandat « contributions » (*Rec. Quest. Fisc.* 1923, p. 103).

§ 645.

Remplacer le nº 645 par le texte suivant :

645. — Le régime fiscal français a été introduit en Alsace-Lorraine, au moins dans son ensemble par les décrets des 22 mars 1920 (ratifié par la loi du 30 mars 1922), 20 juillet 1920 (ratifié par la loi du 21 novembre 1921), 18 octobre 1920 ; 12 mars 1921, 1ᵉʳ décembre 1921, 6 décembre 1921 et par la loi du 25 juin 1920, art. 113 et 114.

§ **649.**

Remplacer le n° 649, § 3 par la disposition suivante :

Le ou les directeurs de sociétés par actions visés aux articles 231 et suivants du Code de commerce allemand, sont assimilés pour l'application de l'article 12 de la loi de finances du 13 juillet 1911, aux membres des conseils d'administration, mais seulement en ce qui concerne les bénéfices qui leur sont distribués par suite de dispositions statutaires des sociétés dont il leur est confié la direction ou la codirection. Leurs revenus fixes ou variables, déterminés par contrat, sont imposables comme salaires (Décret du 9 mars 1922).

Sont et demeurent maintenues les prescriptions de l'article 1er du décret du 18 octobre 1920, relatives aux membres des conseils de surveillance des sociétés anonymes et des sociétés en commandite par actions (*Ibid.*).

Page 426.

Ajouter en 4e ligne :

Le décret du 1er décembre 1921 décide l'introduction en Alsace-Lorraine de la loi du 16 octobre 1917 (art. 1er et 2) exonérant les intérêts des emprunts contractés par les monts-de-piété et les intérêts des prêts sur gages consentis par ces établissements.

Page 426.

Au lieu de : décret du 9 décembre 1921, lire : décret du 6 décembre 1921.

A la 17e ligne :

Au lieu de : loi du 20 décembre 1895, *lire :* loi du 28 décembre 1895, art. 5 et 7.

A la 20e ligne :

Au lieu de : loi du 29 mars 1914, *lire :* loi du 29 mars 1914, art. 42 à 47.

Page 433.

Ajouter les textes qui suivent à la suite de l'exposé :

Droits d'enregistrement et de timbre. — Décret du 1er décembre 1921.

ART. 1er. — Sont applicables dans les départements du Bas-Rhin, du Haut-Rhin et de la Moselle, à compter du 1er janvier 1922, les lois françaises ci-après, relatives notamment à la perception des droits d'enregistrement et de timbre et de taxes sur les valeurs mobilières.

Loi du 22 pluviôse an VII, modifiée par les art. 8 et 9 de la loi du 16 juillet 1921.

Décret du 31 mai 1807.

Ordonnance du 1er mai 1816.

Ordonnance du 3 juillet 1816, art. 7.

Ordonnance du 2 juillet 1817, art. 1er.

Loi du 16 octobre 1919, art. 1 et 2.

Loi du 25 juin 1920, art. 49, al. 3 et 4, articles 51, 52, 53 et 112.

Loi du 31 juillet 1920, art. 16, 17, 19, 25, 31, 32 et 46 B.

1re Loi du 29 avril 1921, art. 22, 28 et 52.

2e Loi du 29 avril 1921, art. 15 modifié par l'art. 10 de la loi du 16 juillet 1921.

Loi du 30 avril 1921, articles 6 et 7.

Loi du 16 juillet 1921, art. 7.

Sont également mis en vigueur tous les décrets et règlements pris en exécution des lois ci-dessus énumérées.

Contributions indirectes. — Loi du 30 mars 1922.

ARTICLE UNIQUE. — Est ratifié le décret du 12 mars 1921 relatif à l'application, dans les départements du Bas-Rhin, du Haut-Rhin et de la Moselle, des dispositions de la loi du 25 juin 1920 et de la loi du 31 juillet 1920, concernant les contributions directes.

Page 437.

Ajouter après la ligne 2 :

Les majorations des tarifs de la taxe d'abonnement au timbre édictées par l'art. 40, dernier alinéa de la loi du 29 mars 1914 et par l'art. 48 de la loi du 25 juin 1920, rendues applicables à l'Algérie par décisions de l'assemblée plénière des délégations financières des 24 juin 1915 (art. 7, § 3) et 14 juin 1921 (article unique), homologuées par décrets des 2 décembre 1915 et 6 décembre 1921 ne seront appliquées, en ce qui concerne les sociétés qui par suite de réduction de leur capital, payent la taxe d'abonnement au timbre sur un capital supérieur à leur capital existant, lors de la mise en vigueur des décisions susvisées, qu'au capital réel de ces sociétés, tel qu'il existait lors de la promulgation de chacune des décisions dont il s'agit (Décret du 15 novembre 1922).

Page 437.

Ajouter à la 14ᵉ ligne après 9 % :

Adde sur la restitution par voie d'imputation de la taxe sur les coupons des valeurs mobilières étrangères non abonnées : Décret du 15 juin 1922.

Page 457.

Ajouter au nᵒ 663 :

V. pour les affiches et tableaux-annonces assimilées à des enseignes; Décret du 15 novembre 1922.

§ 677 bis.

Nᵒ 677 *bis.* — *Réclamations.* — Les réclamations relatives aux différents impôts sur les revenus à l'impôt complémentaire sur l'ensemble du revenu et à la taxe sur les locaux occupés par les contribuables exerçant une profession commerciale ou industrielle sont présentées, instruites et jugées comme pour les autres contributions directes.

Toutefois en ce qui touche les impôts sur les bénéfices industriels et commerciaux, sur les traitements publics et privés, les indemnités ou émoluments, les salaires, les pensions et les rentes viagères, sur les bénéfices des professions non commerciales, des charges et offices et l'impôt complémentaire sur l'ensemble du revenu, les agents du service des contributions directes et du cadastre sont seuls appelés à formuler des avis. En outre, pour les mêmes impôts, les réclamations sont jugées et les décisions prononcées en audience non publique (Décret du 7 décembre 1922).

Page 445.

682 *bis.* — *Sociétés de reboisement.* — Les sociétés de reboisement jouissent des immunités fiscales qui leur ont été conférées par l'art. 22 de la loi du 31 décembre 1921 (Décret du 27 novembre 1922).

Page 446.

Ajouter à la fin du § 68 :

Amendes fiscales. — Le décret du 6 décembre 1921 a rendu applicable à l'Algérie les dispositions de l'art. 110 de la loi du 25 juin 1920, relatif à la majoration des décimes (2 décimes 1/2).

Page 446.

Ajouter au début du § 68 :

Privilège du Trésor. — Les dispositions de la loi du 12 juillet 1922 relatives à la prescription et à l'exercice du privilège du Trésor en matière de contributions directes sont rendues applicables à l'Algérie (Décret du 23 octobre 1922).

(13823)